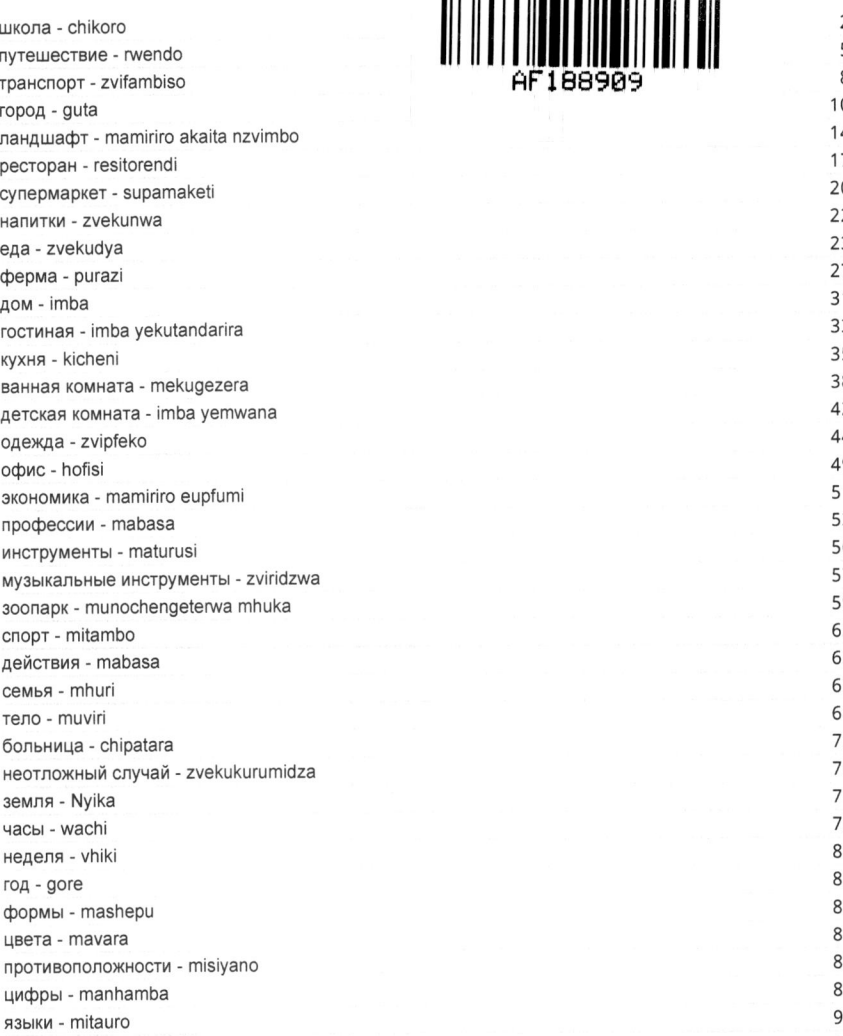

Impressum
Verlag: BABADADA GmbH, Nedderfeld 112 , 22529 Hamburg
Geschäftsführer / Verlagsleitung: Harald Hof
Druck: Books on Demand GmbH, In de Tarpen 42, 22848 Norderstedt

Imprint
Publisher: BABADADA GmbH, Nedderfeld 112 , 22529 Hamburg, Germany
Managing Director / Publishing direction: Harald Hof
Print: Books on Demand GmbH, In de Tarpen 42, 22848 Norderstedt, Germany

школа

chikoro

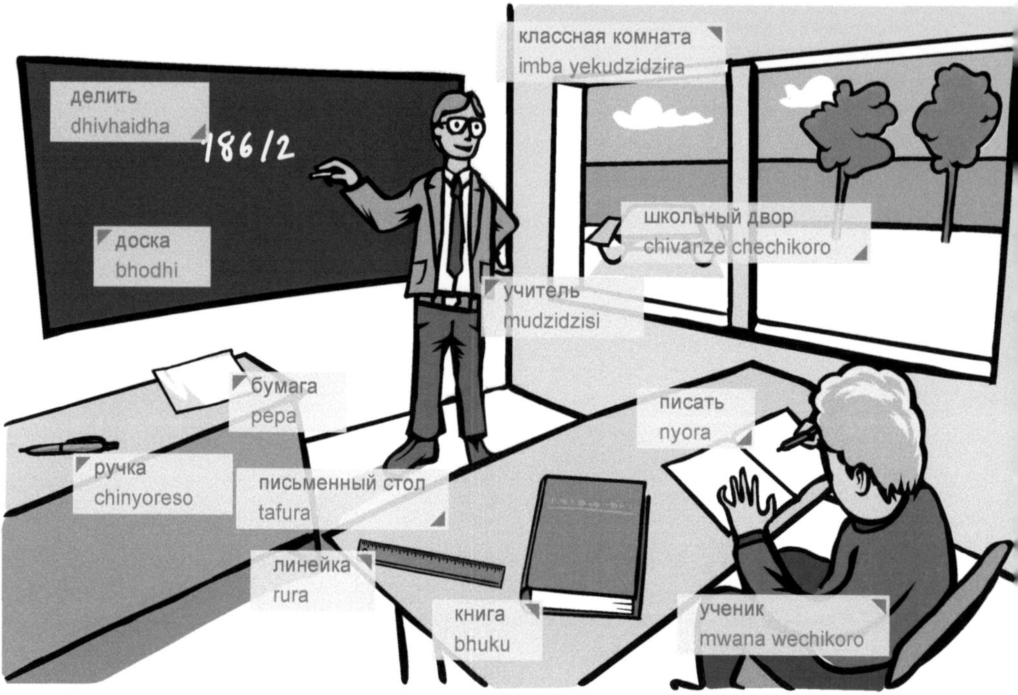

классная комната
imba yekudzidzira
делить
dhivhaidha
186/2
доска
bhodhi
школьный двор
chivanze chechikoro
учитель
mudzidzisi
бумага
pepa
писать
nyora
ручка
chinyoreso
письменный стол
tafura
линейка
rura
книга
bhuku
ученик
mwana wechikoro

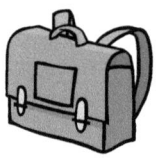

ранец

bhegi

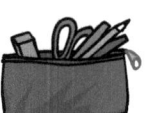

пенал

chekuchengetera mapenzura

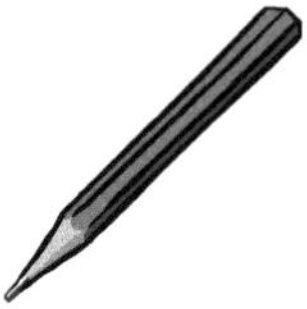

карандаш

penzura

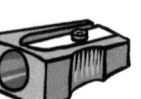

точилка

chekurodzesa mapenzura

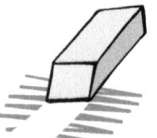

ластик

rabha

альбом для рисования

bhuku rekudhirowera mifananidzo

рисунок

mufananidzo wakadhirowewa

кисточка

bhurasho rekupendesa

коробка красок

bhokisi rependi

ножницы

chigero

клей

guruu

тетрадь

bhuku rekunyorera

домашняя работа

basa rinoitirwa kumba

цифра

nhamba

прибавлять

sanganisa

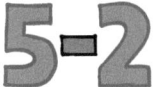

вычитать

bvisa

умножать

wanziridza

считать

kakureta

буква

bhii

АBCDEFG HIJKLMN OPQRSTU VWXYZ

алфавит

arufabheti

hello

слово

shoko

текст

mashoko

читать

kuverenga

мел

choko

урок

chidzidzo

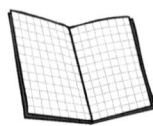

классный журнал

bhuku remazita

экзамен

bvunzo

диплом

setifiketi

школьная форма

yunifomu yekuchikoro

образование

dzidzo

энциклопедия

encyclopedia

университет

yunivhesiti

микроскоп

maikorosikopu

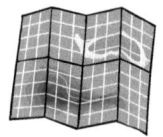

карта

mepu

корзина для бумаг

bhini remapepa

путешествие
rwendo

гостиница
hotera
Grand
турбаза
mahostera
ROOMS
пункт обмена валюты
panochinjwa mari
CHANGE
чемодан
sutukesi
автомобиль
mota

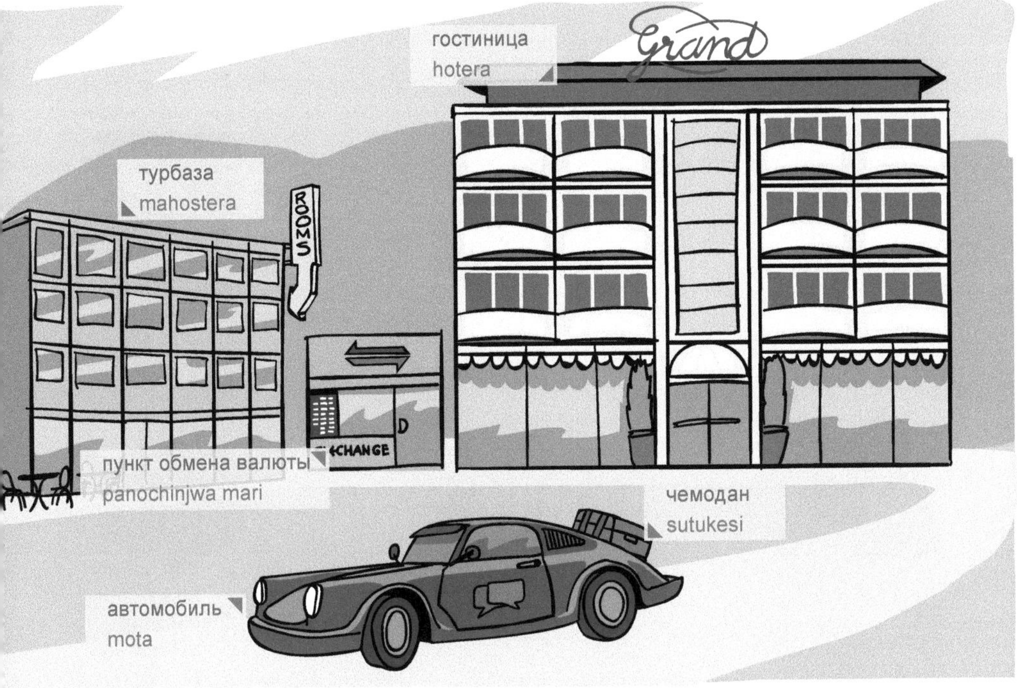

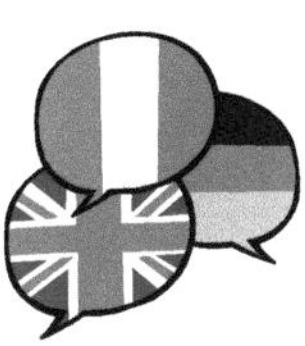

язык

mutauro

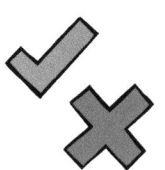

да / нет

hongu / kwete

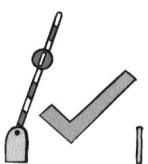

хорошо

Zvakanaka

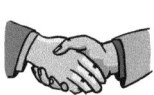

Привет

hesi

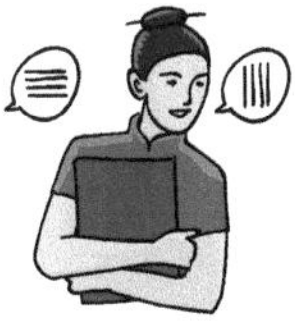

переводчик

mushanduri

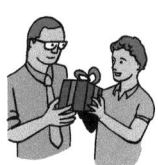

Спасибо

Mazvita

Сколько стоит...?

Imarii... ?

Я не понимаю

Handisi kunzwisisa

проблема

dambudziko

Добрый вечер!

Manheru!

Доброе утро!

Mangwanani!

Доброй ночи!

Murare zvakanaka

До свидания

toonana

направление

mafambiro

багаж

katundu

сумка

bhegi

рюкзак

bhegi rekumusana

гость

muenzi

комната

imba

спальный мешок

bhegi rekurarira

палатка

tendi

туристическая
информация
mashoko evafambi

пляж
mahombekombe

кредитная карточка
kadhi rekubhengi

завтрак
kudya kwemangwanani

обед
kudya kwemasikati

ужин
kudya kwemanheru

билет
tiketi

лифт
chikwidzo

почтовая марка
chitambi

граница
muganhu

таможня
vanoona nezvekupinda
munyika

посольство
vamiririri venyika

виза
vhiza

паспорт
pasipoti

транспорт

zvifambiso

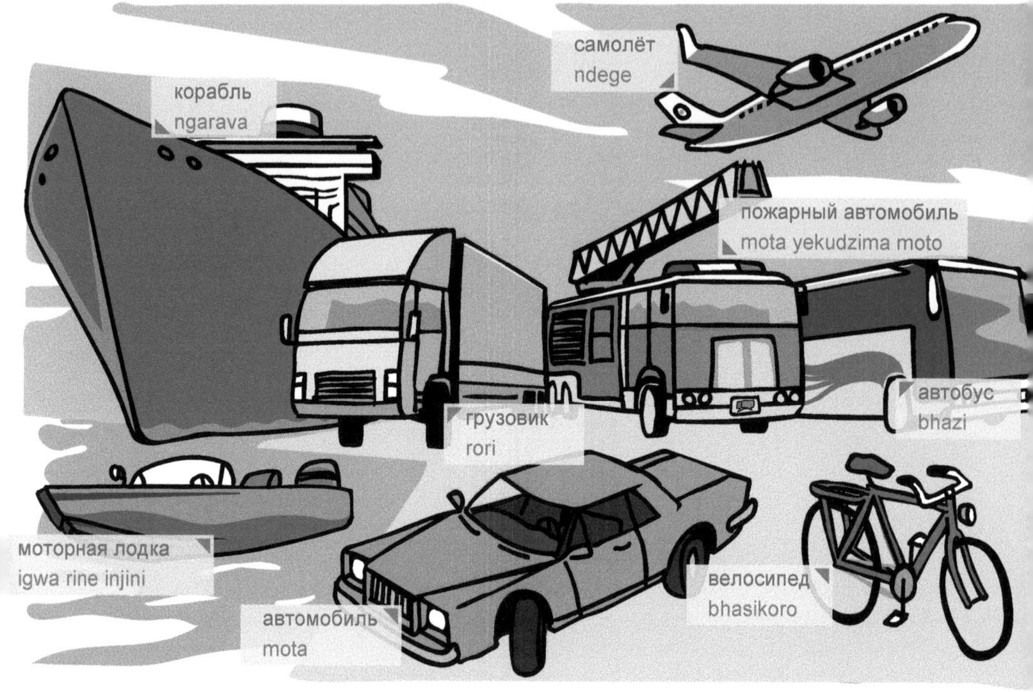
самолёт
ndege
корабль
ngarava
пожарный автомобиль
mota yekudzima moto
автобус
bhazi
грузовик
rori
моторная лодка
igwa rine injini
велосипед
bhasikoro
автомобиль
mota

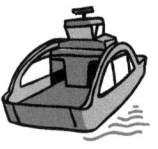

паром

igwa

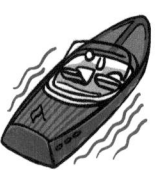

лодка

igwa

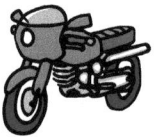

мотоцикл

mudhudhudhu

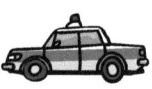

полицейский автомобиль

mota yemapurisa

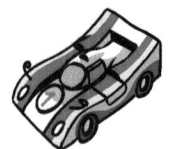

гоночный автомобиль

mota yemujaho

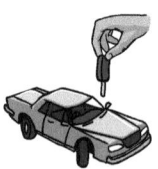

арендованный автомобиль

mota yekuhaya

овместное пользование
автомобилями

kuhaya mota

буксировочный
автомобиль
mota inodhonza dzinenge
dzafa

мусоровоз

mota yemabhini

двигатель

injini

топливо

mafuta

заправка

garaji remafuta

дорожный знак

chikwangwani
chemumugwagwa

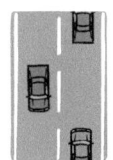

движение

mota

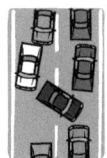

пробка

mota dzakawandisa

автостоянка

panopakwa mota

вокзал

chiteshi chezvitima

рельсы

njanji

поезд

chitima

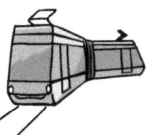

трамвай

tram

вагон

chitima

вертолёт

chikopokopo

аэропорт

nhandare yendege

вышка

nharire

пассажир

mufambi

контейнер

chikondena

коробка

kadhibhodhi bhokisi

тележка

ngoro

корзина

bhasiketi

взлетать / приземляться

simuka / mhara

город

guta

деревня

musha

центр города

pakati peguta

дом

imba

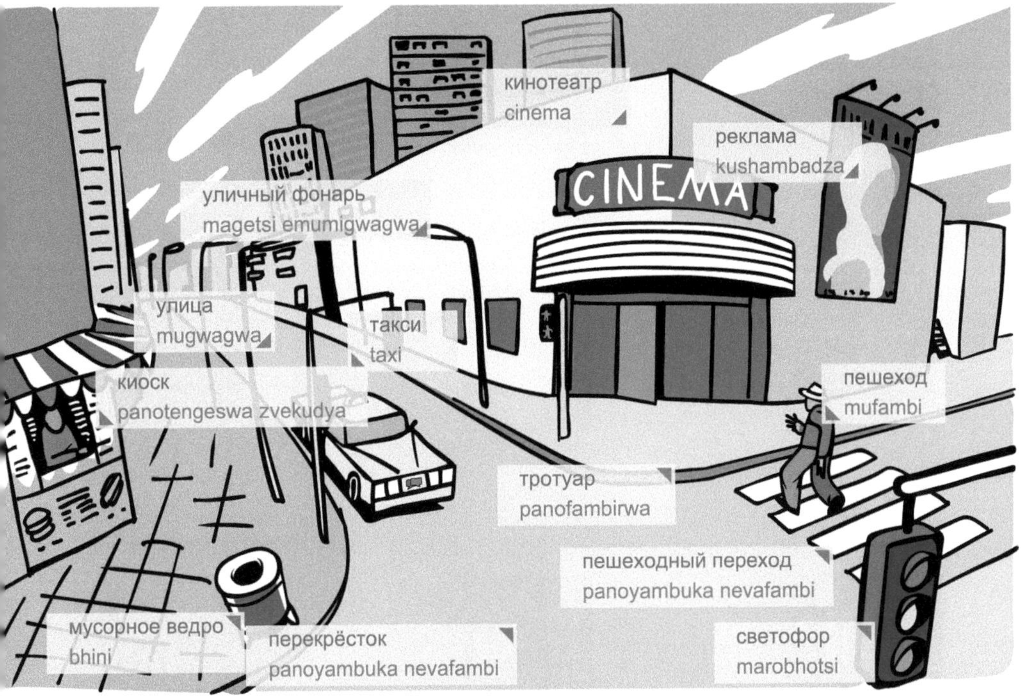

кинотеатр
cinema

реклама
kushambadza

уличный фонарь
magetsi emumigwagwa

улица
mugwagwa

такси
taxi

киоск
panotengeswa zvekudya

пешеход
mufambi

тротуар
panofambirwa

пешеходный переход
panoyambuka nevafambi

мусорное ведро
bhini

перекрёсток
panoyambuka nevafambi

светофор
marobhotsi

CINEMA

хижина
imba

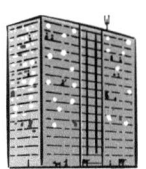

квартира
mafurati

вокзал
chiteshi chezvitima

ратуша
imba yeguta

музей
muziyamu

школа
chikoro

университет

yunivhesiti

банк

bhengi

больница

chipatara

гостиница

hotera

аптека

panotengeswa mishonga

офис

hofisi

книжный магазин

chitoro chemabhuku

магазин

chitoro

цветочный магазин

panotengeswa maruva

супермаркет

supamaketi

рынок

musika

универмаг

chitoro chine
madhipatimendi

торговец рыбой

panotengeswa hove

торговый центр

nzimbo ine zvitoro

порт

chiteshi chengarava

парк

paki

скамейка

bhenji

мост

bhiriji

лестница

masitepisi

метро

nzira inoenda nepasi

тоннель

mugwagwa wepasi

автобусная остановка

panokwirirwa mabhazi

бар

bhawa

ресторан

resitorendi

почтовый ящик

bhokisi retsamba

табличка с названием
улицы

chikwangwani
chemugwagwa

паркометр

mita yekupaka

зоопарк

munochengeterwa mhuka

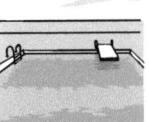

бассейн

kunotuhwinirwa

мечеть

mosque

ферма
purazi

загрязнение окружающей среды
kusvibisa

кладбище
kumakuva

церковь
chechi

детская площадка
pekutambira

храм
temberi

ландшафт
mamiriro akaita nzvimbo

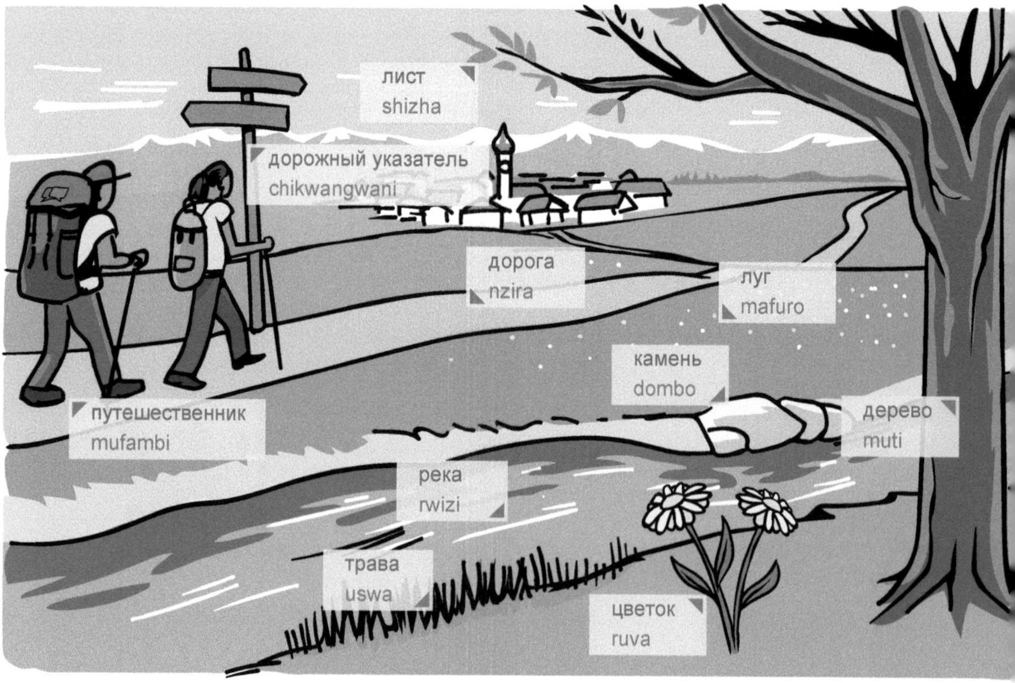

лист
shizha

дорожный указатель
chikwangwani

дорога
nzira

луг
mafuro

камень
dombo

путешественник
mufambi

дерево
muti

река
rwizi

трава
uswa

цветок
ruva

долина
mupata

гора
gomo

озеро
dhamu

лес
sango

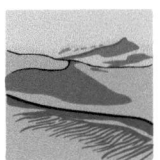

пустыня
gwenga

вулкан
chikwatamabwe

замок
zimba

радуга
muraraungu

гриб
hohwa

пальма
muchindwe

комар
umhutu

муха
nhunzi

муравей
svosve

пчела
nyuchi

паук
buve

жук

chipembenene

лягушка

datya

белка

tsindi

еж

nungu

заяц

tsuro

сова

zizi

птица

shiri

лебедь

swan

кабан

nguruve yemusango

олень

nondo

лось

moose

плотина

dhamu

ветряной генератор

injini yemhepo

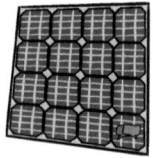

солнечная батарея

panero rezuva

климат

mamiriro ekunze

ресторан
resitorendi

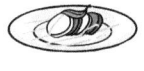

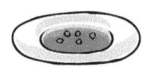

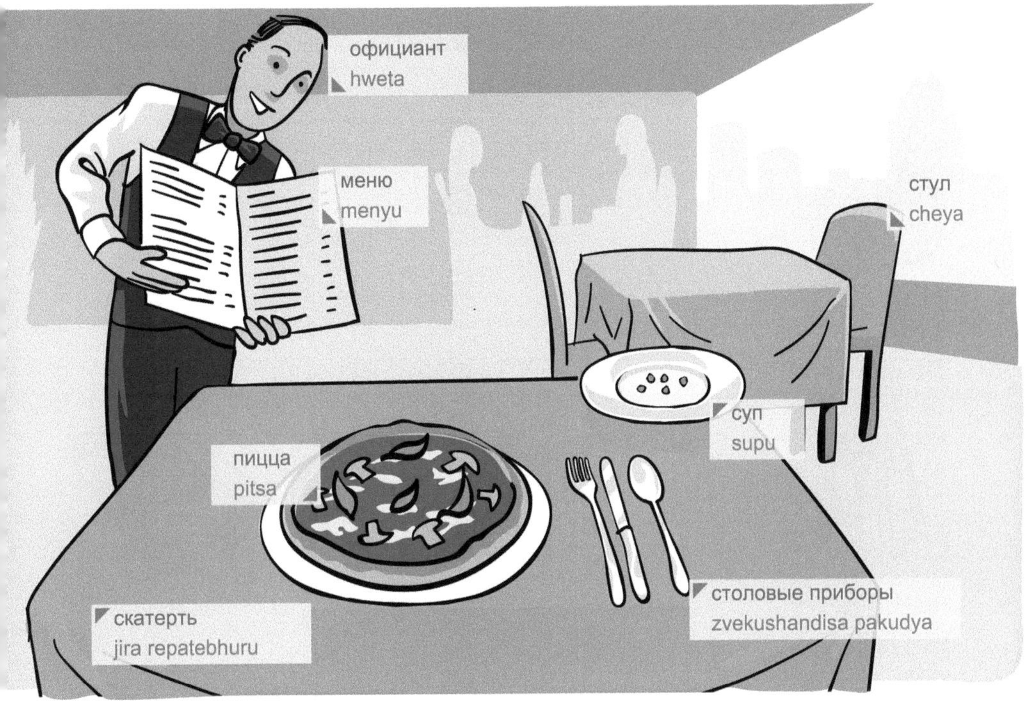
официант
hweta
меню
menyu
стул
cheya
суп
supu
пицца
pitsa
столовые приборы
zvekushandisa pakudya
скатерть
jira repatebhuru

закуска

zvekusosa nzara

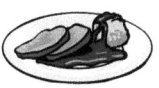

главное блюдо

zvekudya

десерт

zvekuseredzera

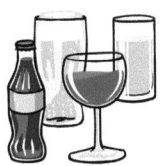

напитки

zvekunwa

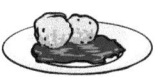

еда

zvekudya

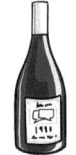

бутылка

bhodhoro

фастфуд

zvekudya zvisingatori nguva
kubika

уличная еда

chikafu chinotengeswa
munzira

чайник

tipoti

сахарница

gabha reshuga

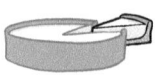

порция

chidimbu

кофеварка

muchina wekofi

детский стульчик

cheya yemwana

счет

bhiri

поднос

tureyi

нож

banga

вилка

forogo

ложка

chipunu

чайная ложка

chipunu

салфетка

zvekupukutisa muromo

стакан

girazi

ресторан - resitorendi

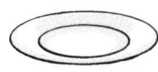

тарелка

ndiro

суповая тарелка

ndiro yesupu

блюдце

ndiro

соус

supu

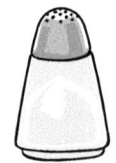

солонка

chekuisira sauti

мельница для перца

chekugaya mhiripiri

уксус

vhiniga

масло

mafuta

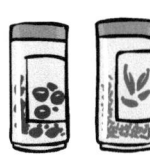

специи

masipaisi

кетчуп

ketchup

горчица

mustard

майонез

mayonaizi

супермаркет

supamaketi

специальное предложение
zvaderedzwa mitengo
FOR
покупатель
mutengi
молочные продукты
zvinogadzirwa nemukaka
фрукты
michero
тележка для покупок
chingoro

BUTCHERS

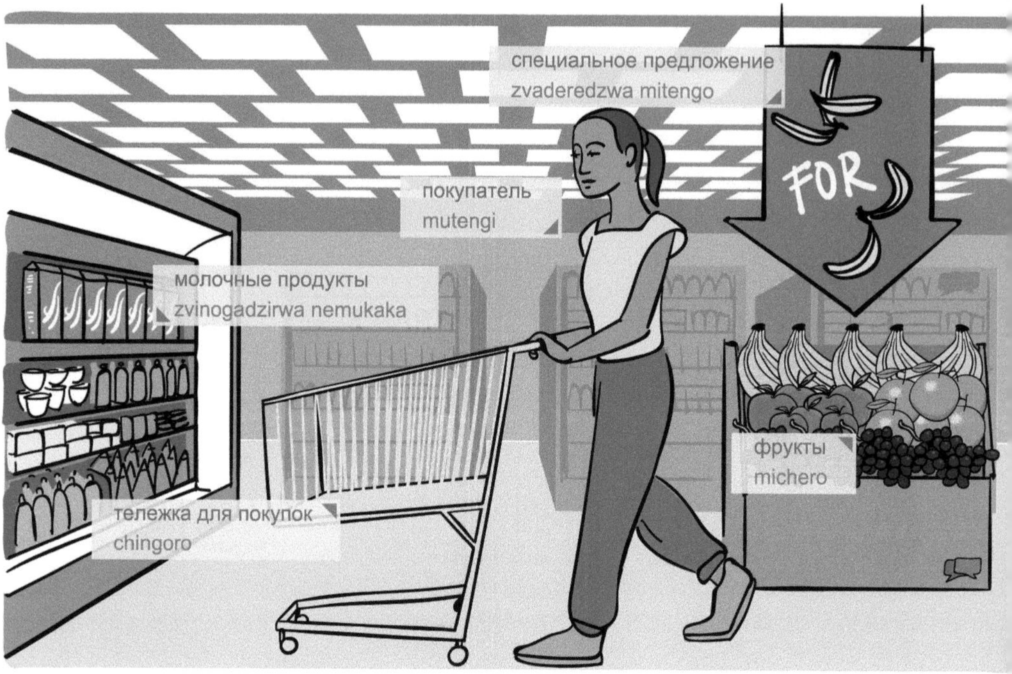

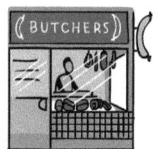

мясной магазин

panotengeswa nyama

BAKERY

пекарня

panotengeswa chingwa

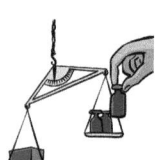

взвешивать

kuyera

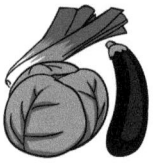

овощи

miriwo

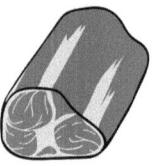

мясо

nyama

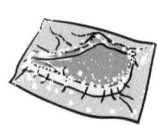

быстрозамороженные продукты

zvekudya zvakaoma nechando

нарезка

nyama yakatonhora

консервы

zvekudya zvemugaba

стиральный порошок

sipo yeupfu yekuwachisa

сладости

masuwiti

предмет домашнего обихода

zvekushandisa mumba

моющее средство

zvekuchenesa nazvo

продавщица

mutengesi

касса

tiru

кассир

mutengesi

список покупок

zviri kuda kutengwa

время работы

nguva dzekuvhura

бумажник

chikwama

кредитная карточка

kadhi rekubhengi

сумка

bhegi

полиэтиленовый пакет

pepa rekuisira

вода

mvura

сок

muto wemichero

молоко

mukaka

кока-кола

coke

вино

waini

пиво

doro

алкоголь

doro

какао

cocoa

чай

tii

кофе

kofi

эспресо

kofi

капучино

cappuccino

банан

bhanana

яблоко

apuro

апельсин

orenji

арбуз

nwiwa

лимон

ndimu

морковь

karotsi

чеснок

gariki

бамбук

mushenjere

лук

hanyanisi

гриб

hohwa

орехи

nzungu

лапша

manoodle

спагетти

spaghetti

рис

mupunga

салат

saradhi

картофель фри

machipisi

жареный картофель

mbatatisi dzakafuraiwa

пицца

pitsa

гамбургер

chingwa chakaruma nyama

сэндвич

sangweji

шницель

nhindi

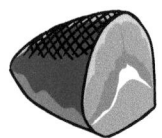

ветчина

ham

салями

salami

колбаса

soseji

курица

huku

жаркое

gochwa

рыба

hove

овсяные хлопья

bota reoats

мюсли

muesli

кукурузные хлопья

macornflake

мука

furawa

круассан

croissant

булочка

chingwa

хлеб

chingwa

тост

chingwa chakagochwa

печенье

mabhisikiti

масло

bhata

творог

ige

пирог

keke

яйцо

zai

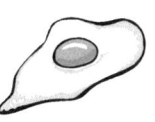

яичница

zai rakafuraiwa

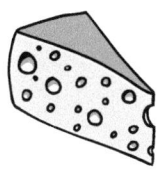

сыр

chizi

мороженое

aizikirimu

сахар

shuga

мёд

huchi

мармелад

jemu

крем с нугой

chocolate yekuzora

карри

curry

ферма
purazi

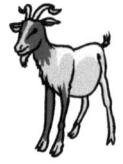

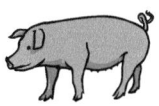

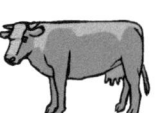

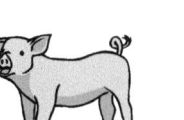

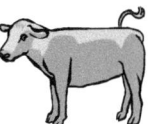

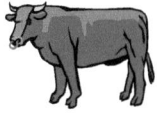

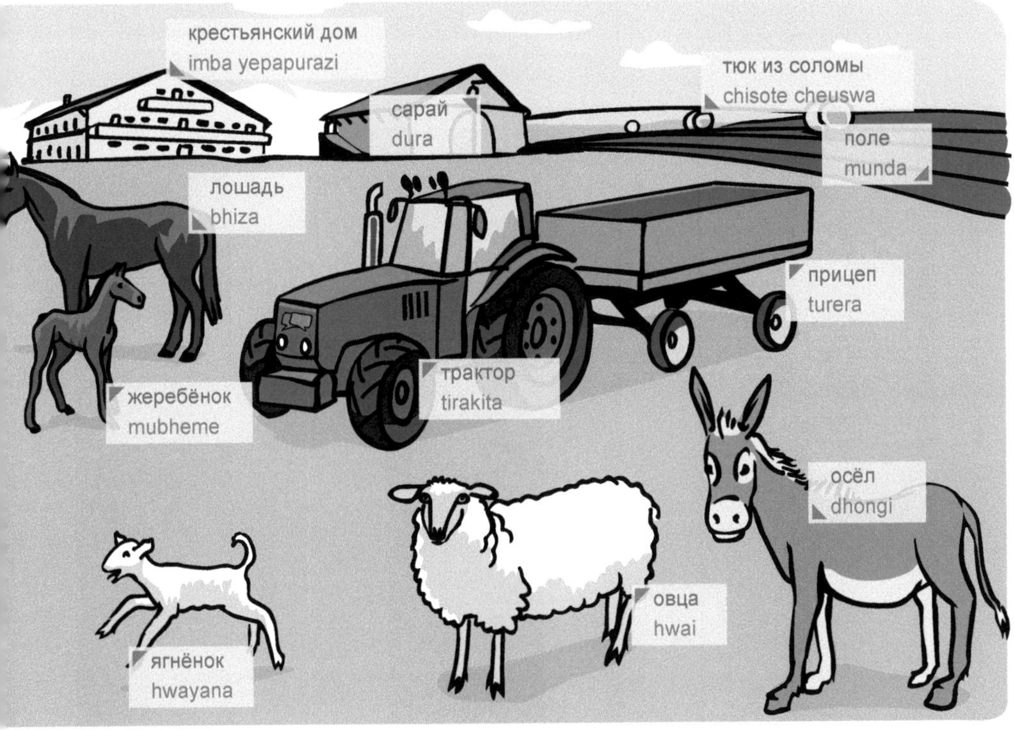
крестьянский дом
imba yepapurazi
сарай
dura
тюк из соломы
chisote cheuswa
поле
munda
лошадь
bhiza
прицеп
turera
трактор
tirakita
жеребёнок
mubheme
осёл
dhongi
овца
hwai
ягнёнок
hwayana

коза

mbudzi

корова

mhou

телёнок

mhuru

свинья

nguruve

поросёнок

chigwi

бык

bhuru

гусь
dhadha

утка
dhakisi

цыплёнок
nhiyo

курица
tseketsa

петух
jongwe

крыса
gonzo

кошка
katsi

мышь
mbeva

вол
dhonza

собака
imbwa

конура
imba yembwa

садовый шланг
pombi yemvura

лейка
keni yekudiridzisa

коса
jeko

плуг
gejo

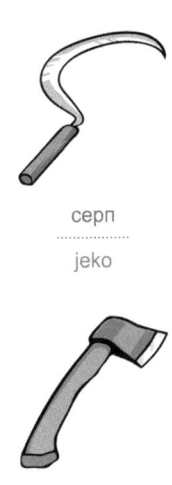

серп

jeko

мотыга

badza

навозные вилы

forogo

топор

demo

тачка

bhara

корыто

chidyiro

бидон для молока

bhodhoro remukaka

мешок

saga

забор

fenzi

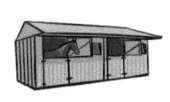

хлев

danga

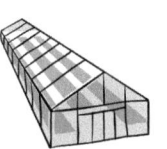

теплица

greenhouse

почва

ivhu

посев

mbeu

удобрение

fetereza

комбайн

mota yekukohwesa

собирать урожай

kukohwa

урожай

gohwo

ямс

mbatatisi

пшеница

gorosi

соя

soya

картофель

mbatatisi

кукуруза

chibage

рапс

rapeseed

фруктовое дерево

muti wemichero

маниок

mufarinya

злаки

mbesa

дымоход
chimbini

крыша
denga

водосточный желоб
pombi inorasa mvura

окно
hwindo

гараж
garaji

звонок
bhero repamusiwo

дверь
musiwo

мусорное ведро
bhini remarara

почтовый ящик
bhokisi retsamba

сад
gadheni

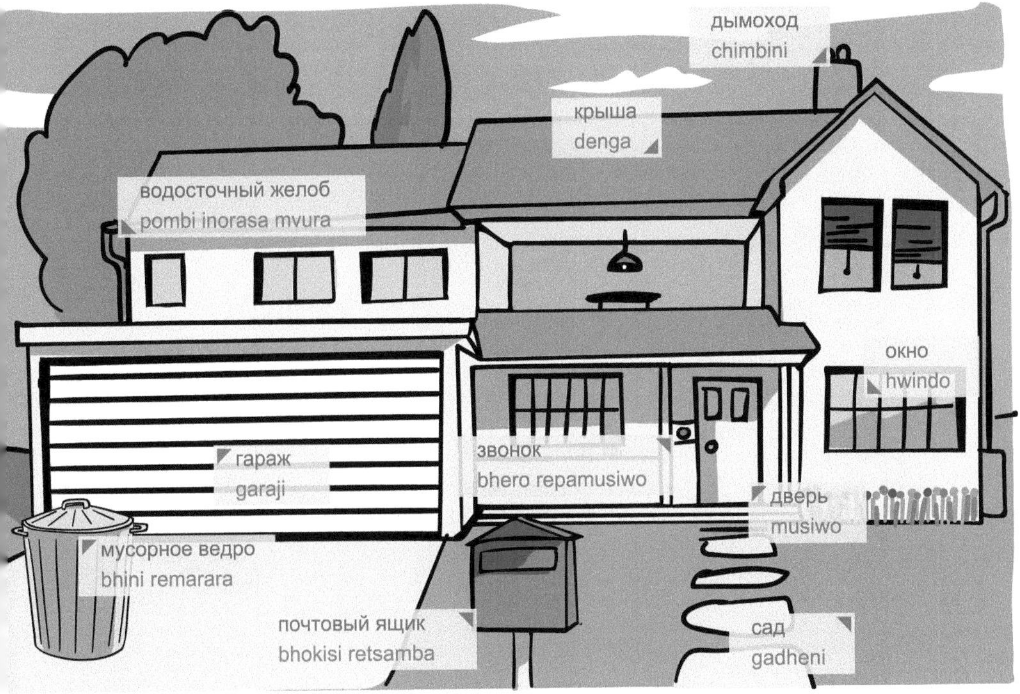

гостиная

imba yekutandarira

ванная комната

mekugezera

кухня

kicheni

спальня

imba yekurara

детская комната

imba yemwana

столовая

imba yekudyira

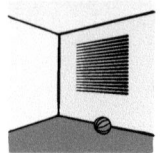

пол

uriri

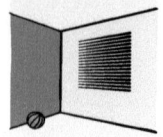

стена

madziro

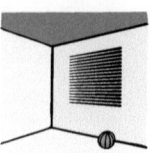

потолок

denga

подвал

imba yepasi

сауна

sauna

балкон

vharanda repadenga

терраса

uriri hwepadenga

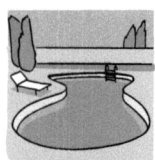

бассейн

dziva rekushambira

газонокосилка

muchina wekuchekesa uswa

пододеяльник

jira

покрывало

chekufukidza mubhedha

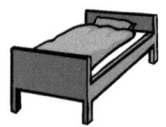

кровать

mubhedha

метла

bhurumu

ведро

bhaketi

выключатель

suwichi

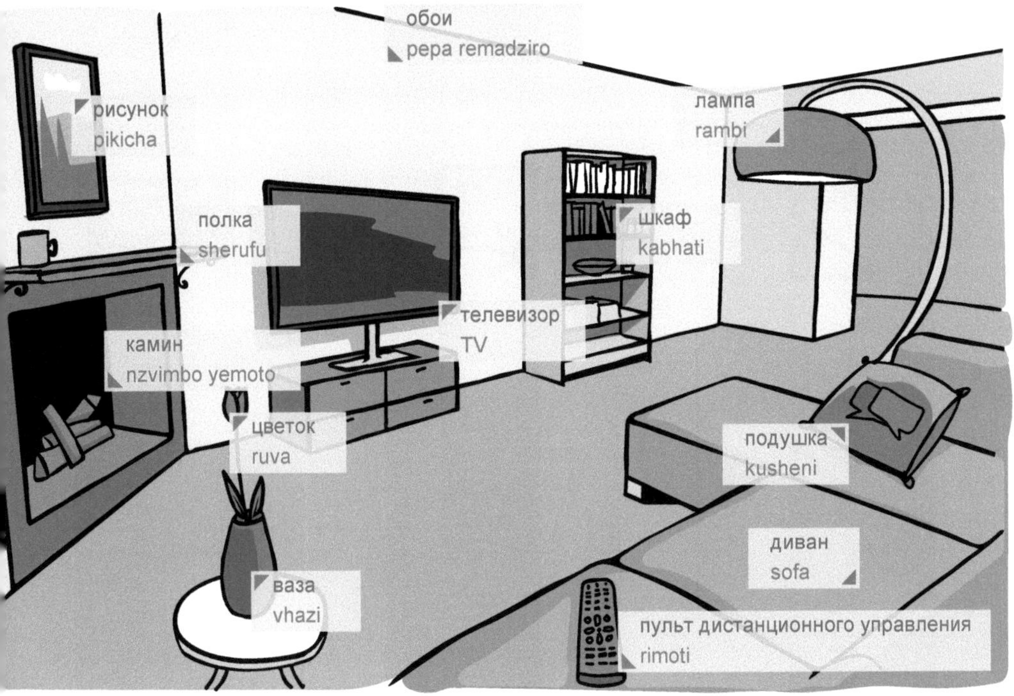

обои
pepa remadziro

рисунок
pikicha

лампа
rambi

полка
sherufu

шкаф
kabhati

камин
nzvimbo yemoto

телевизор
TV

цветок
ruva

подушка
kusheni

диван
sofa

ваза
vhazi

пульт дистанционного управления
rimoti

ковёр

kapeti

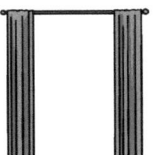

штора

keteni

стол

tebhuru

стул

cheya

кресло-качалка

cheya inozeya

кресло

cheya ine pekuisa maoko

книга
bhuku

покрывало
gumbeze

украшение
marongedzero

дрова
huni

фильм
firimu

стереосистема
redhiyo yehi-fi

ключ
kii

газета
pepanhau

картина
mufananidzo

плакат
posita

радио
redhiyo

блокнот
pekunyorera

пылесос
muchina wekuhuvhisa

кактус
chinanazi

свеча
kenduru

кухня
kicheni

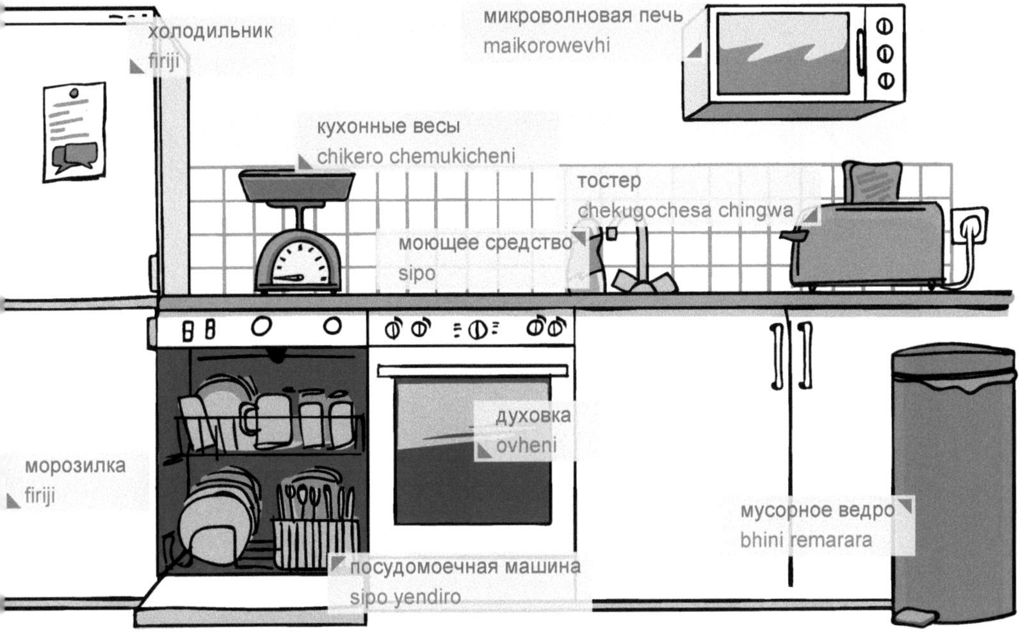
холодильник
firiji
микроволновая печь
maikorowevhi
кухонные весы
chikero chemukicheni
тостер
chekugochesa chingwa
моющее средство
sipo
духовка
ovheni
морозилка
firiji
мусорное ведро
bhini remarara
посудомоечная машина
sipo yendiro

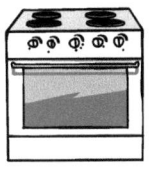

плита
chitofu

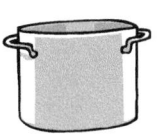

кастрюля
poto

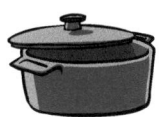

чугунный котелок
poto yesimbi

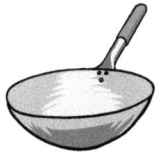

вок / кадай
wok / kadai

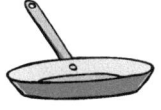

сковорода
pani

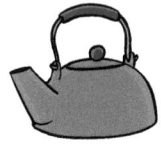

чайник
ketero

пароварка

chekubikisa neutsi hwemvura

противень

turei yekubhekesa

посуда

ndiro

кружка

kapu

миска

dishi

палочки для еды

tumiti twekudyisa

половник

chipunu

лопатка

chipunu

сбивалка

chekusanganisisa

сито

chekukunisa

сито

chekukunisa

тёрка

chekugiretesa

ступка

duri

гриль

chiwaya

костёр

moto

доска

chekuchekera

скалка

chekutsimbiririsa
mukanyiwa

штопор

chekuvhurisa mabhodhoro
ewaini

жестяная банка

tini

консервный нож

chekuvhurisa tini

прихватка

girovhosi rekubatisa
zvinopisa

раковина

singi

щетка

bhurasho

губка

chipanji

миксер

chinosanganisa

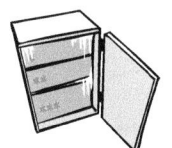

морозильная камера

firiji

бутылочка для кормления

bhodhoro remwana

кран

pombi

ванная комната

mekugezera

отопление
chinodziisa mumba
полотенце
tauro
душ
shawa
душевая занавеска
keteni remushawa
пенистая ванна
mvura yekugeza ine furo
ванна
mekugezera
стакан
girazi
стиральная машина
muchina wekuwachisa
кран
pombi
плитка
mataira
горшок
chipoti chemwana
раковина
singi

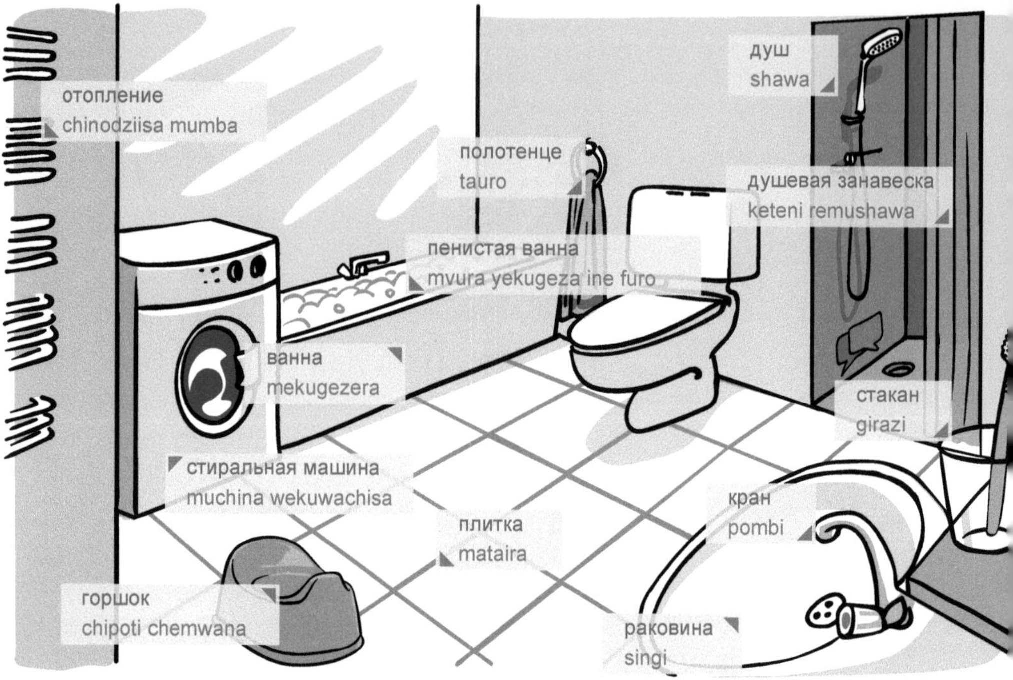

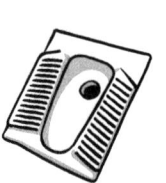

туалет

toireti

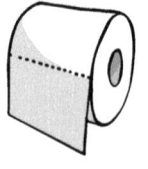

напольный унитаз

toireti yegomba

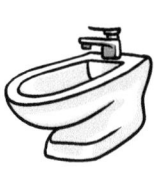

биде

chemba

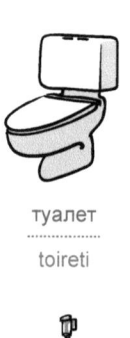

писсуар

chekuitira weti chevarume

туалетная бумага

pepa remutoireti

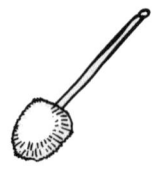

ершик

bhurasho remutoireti

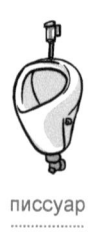

зубная щетка

bhurasho remazino

зубная паста

mushonga wemazino

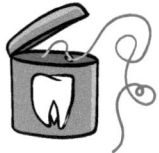

зубная нить

tambo yekugezesa mazino

мыть

kugeza

ручной душ

shawa yekuita zvekubata

интимный душ

douche

таз

bheseni

щетка для спины

bhurasho remusoro

мыло

sipo

гель для душа

ipo yekugezesa mushawa

шампунь

shambuu

мочалка

chekugezesa

сток

dhireni

крем

mafuta

дезодорант

chinonhuwirira

зеркало

girazi

ручное зеркало

girazi remumaoko

бритва

chekugeresa ndebvu

пена для бритья

furo rekugeresa ndebvu

лосьон после бритья

mafuta ekuzora wagera
ndebvu

расческа

kamu

щетка

bhurasho

фен

chekuomesa bvudzi

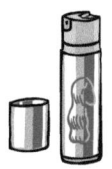

лак для волос

mushonga wekupfapfaidza
musoro

косметика

zvekupodesa

губная помада

chekupendesa muromo

лак для ногтей

chekupendesa nzara

вата

donje

маникюрные ножницы

chigero chenzara

духи

pefiyumu

косметичка

bhegi rezvekugezesa

табуретка

chituro

весы

chikero

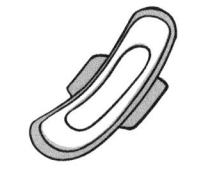

халат

bathrobe

резиновые перчатки

magirovhosi erabha

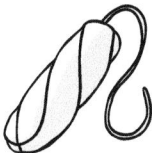

тампон

tampon

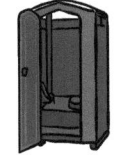

гигиеническая прокладка

pedhi

биотуалет

toireti inotakurwa

детская комната
imba yemwana

будильник
wachi
мягкая игрушка
chitoyi chekurara nacho
игрушечный автомобиль
mota yekutambisa
погремушка
hosho
кукольный домик
kamba kezvidhori
подарок
chipo

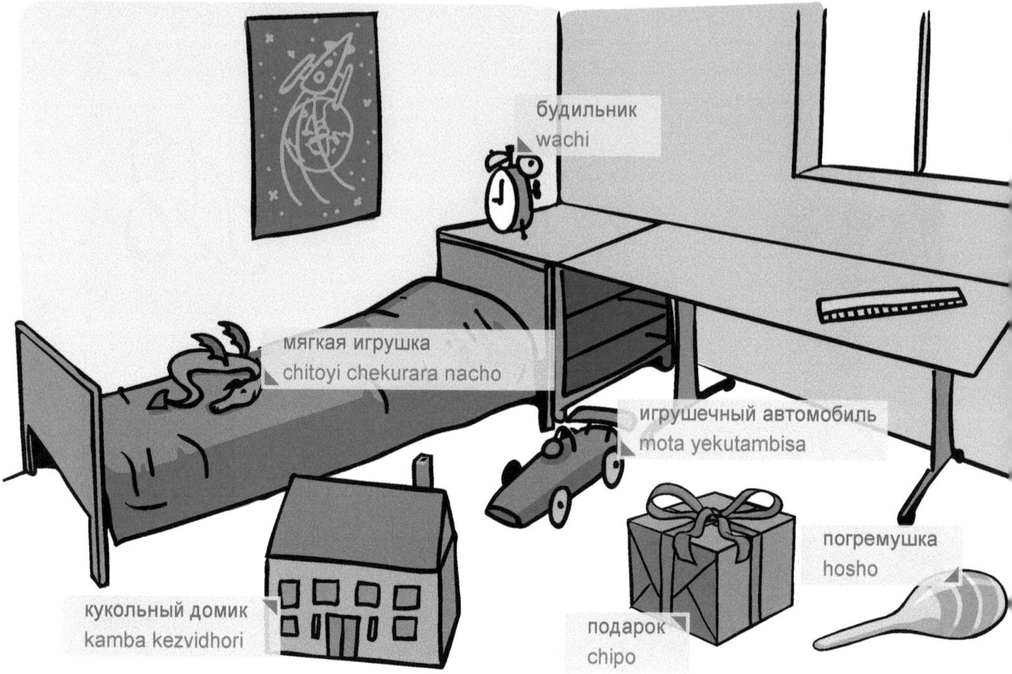

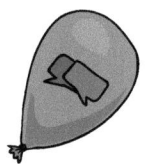

воздушный шар

chibharuma

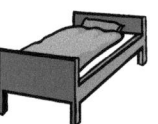

кровать

mubhedha

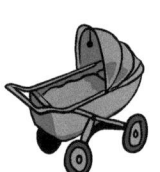

детская коляска

purema

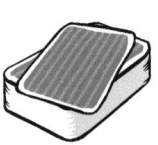

карточная игра

makadhi ekutamba

пазл

puzzle

SUPER
MEGA

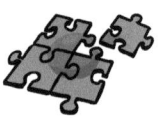

комикс

makatuni ekuverenga

кирпичики Лего

zvekuvakisa zvinhu

кубики

mabhuroko ekuvakisa

игрушечная фигурка

chidhori

ползунки

babygrow

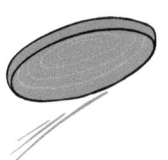

фрисби

chekutambisa uchikanda

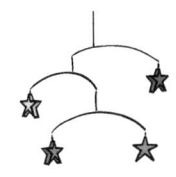

мобиле

zvekuvaraidza mwana

настольная игра

gemu rinotambirwa
pabhodhi

кубик

dhaisi

модель железной дороги

zvitima zvekutambisa

соска

chidhami

вечеринка

mabiko

книга с картинками

bhuku remapikicha

мяч

bhora

кукла

chidhori

играть

kutamba

песочница

majecha ekutambira

качели

muzeerere

игрушка

zvekutambisa

игровая приставка

chekutambisa magemu emavhidhiyo

трёхколесный велосипед

kabhasikoro kemavhiri matatu

плюшевый медвежонок

teddy bear

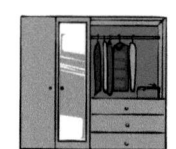

шкаф для одежды

wadhiropu

одежда

zvipfeko

носки

masokisi

чулки

masokisi

колготки

matirauzi anobata muviri

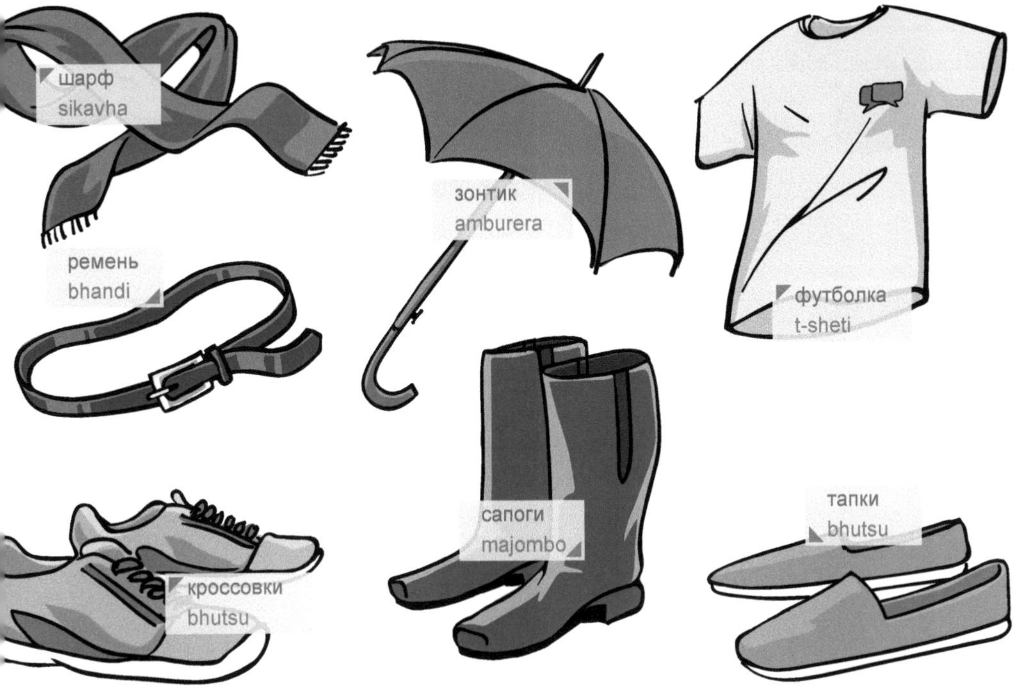

шарф
sikavha

ремень
bhandi

зонтик
amburera

футболка
t-sheti

кроссовки
bhutsu

сапоги
majombo

тапки
bhutsu

сандалии
....
masanduru

ботинки
....
bhutsu

резиновые сапоги
....
magambutsu

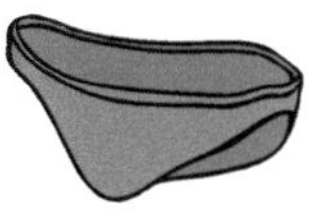

трусы
....
nduwe

бюстгальтер
....
bhodhi

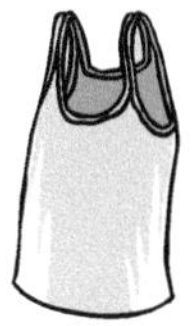

майка
....
vhesi

боди

muviri

брюки

tirauzi

джинсы

jini

юбка

siketi

блузка

bhurauzi

рубашка

hembe

свитер

bhachi

свитер

chibhachi

спортивная куртка

bhachi

жакет

bhachi

пальто

jasi

плащ

renikoti

костюм

koshitomu

платье

dhirezi

свадебное платье

dhirezi remuchato

мужской костюм

sutu

ночная сорочка

hembe yekurarisa

пижама

mapijama

сари

chari

платок

headscarf

тюрбан

heti

паранджа

burqa

кафтан

kaftan

абайя

abaya

купальник

hembe yekutuhwinisa

плавки

chikabudura

шорты

chikabudura

спортивный костюм

tirekisutu

фартук

apuroni

перчатки

magirovhosi

пуговица

bhatani

очки

magirazi

браслет

bhenguru

цепочка

chuma

кольцо

rin'i

серьга

mhete

шапка

kepisi

вешалка

hen'a

шляпа

heti

галстук

tai

застежка молния

zipi

шлем

herumeti

подтяжки

mabhandi

школьная форма

yunifomu yekuchikoro

форма

yunifomu

детский нагрудник

chibhibhi

соска

chidhami

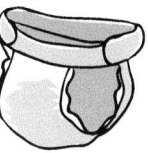

подгузник

napukeni

офис
hofisi

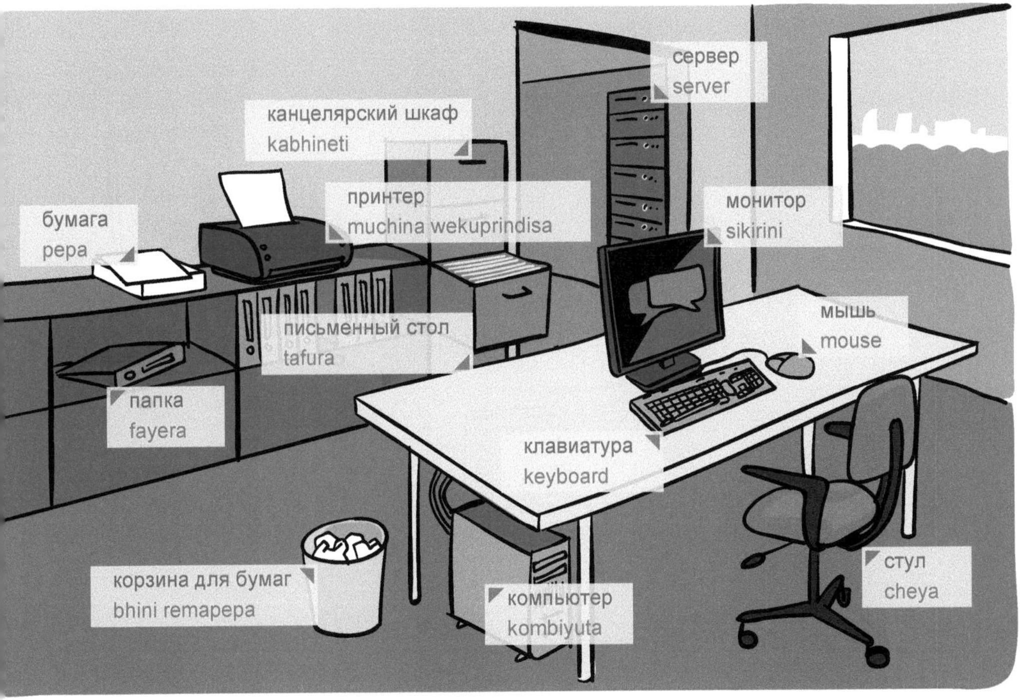

сервер
server

канцелярский шкаф
kabhineti

принтер
muchina wekuprindisa

монитор
sikirini

бумага
pepa

письменный стол
tafura

мышь
mouse

папка
fayera

клавиатура
keyboard

корзина для бумаг
bhini remapepa

стул
cheya

компьютер
kombiyuta

кофейная кружка

kapu yekofi

калькулятор

kakureta

интернет

indaneti

ноутбук

laptop

письмо

tsamba

сообщение

tsamba

мобильный телефон

serura

сеть

network

ксерокс

muchina wekufotokopesa

программа

software

телефон

foni

розетка

pekupfekera magetsi

факс

muchina wefax

формуляр

fomu

документ

gwaro

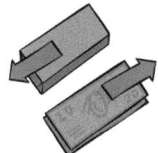

покупать

kutenga

платить

kubhadhara

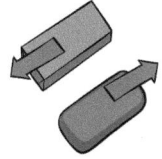

торговать

kutengesa

деньги

mari

доллар

Dhora

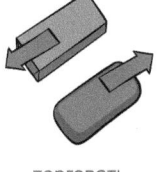

евро

Euro

иена

Yen

рубль

rouble

франк

Swiss franc

жэньминьби юань

renminbi yuan

рупия

rupee

банкомат

panobhadharwa

пункт обмена валюты

panochinjwa mari

золото

goridhe

серебро

sirivha

нефть

mafuta

энергия

magetsi

цена

mutengo

договор

chibvumirano

налог

mutero

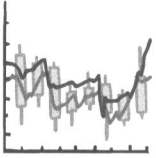

акция

masitoku

работать

kushanda

служащий

mushandi

работодатель

mushandirwi

фабрика

fekitari

магазин

chitoro

профессии
mabasa

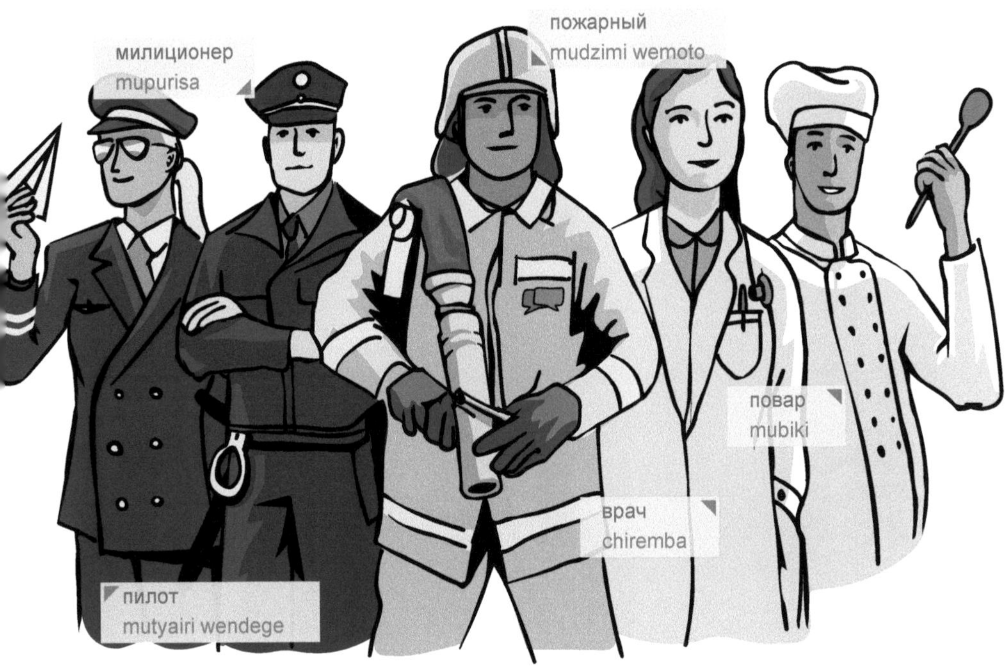
милиционер
mupurisa
пожарный
mudzimi wemoto
повар
mubiki
врач
chiremba
пилот
mutyairi wendege

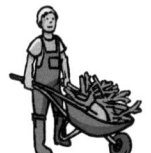

садовник

mushandi wemugadheni

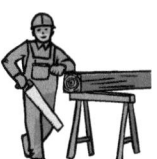

столяр

muvezi

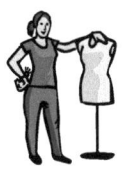

швея

mukadzi anosona

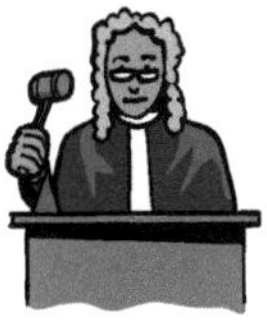

судья

mutongi

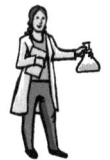

химик

anoita zvemishonga

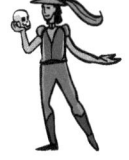

актёр

ekita

водитель автобуса

mutyairi webhazi

таксист

mutyairi wetaxi

рыбак

muredzi

уборщица

mudzimai anochenesa

кровельщик

anogadzira denga

официант

hweta

охотник

muvhimi

художник

anopenda

пекарь

mubiki wechingwa

электрик

mugadziri wemagetsi

строитель

muvaki

инженер

injiniya

мясник

mushandi wemubhucha

сантехник

puramba

почтальон

positimeni

солдат

musoja

архитектор

anoita mapurani edzimba

кассир

mutengesi

флорист

mugadziri wemaruva

парикмахер

mugadziri wemusoro

кондуктор

kondakita

механик

makanika

капитан

kaputeni

зубной врач

chiremba wemazino

ученый

musayindisti

раввин

rabbi

имам

imam

монах

mumonk

священник

mufundisi

инструменты
maturusi

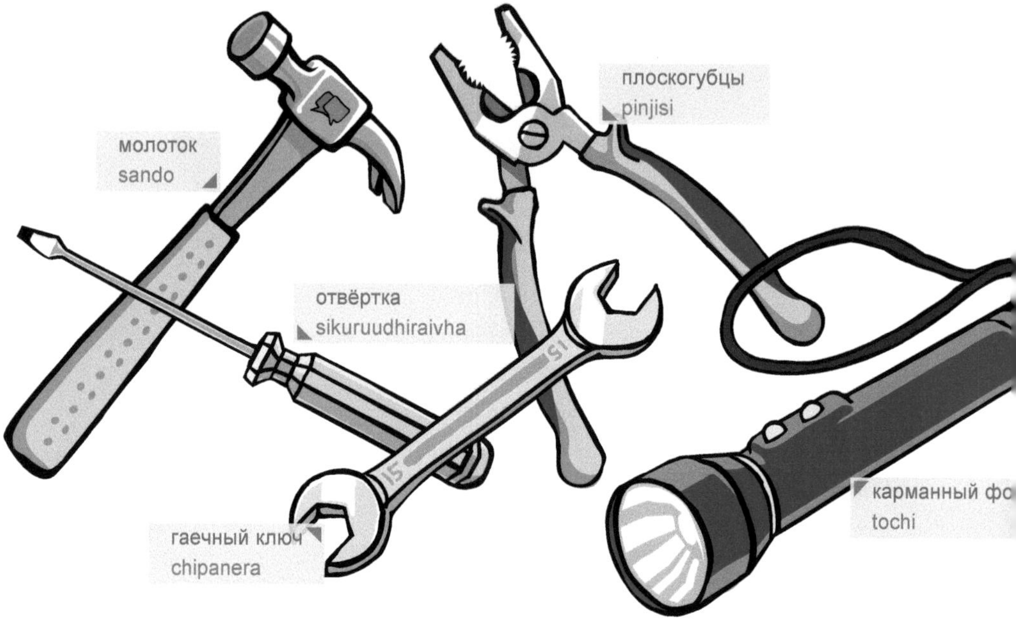

молоток
sando
плоскогубцы
pinjisi
отвёртка
sikuruudhiraivha
гаечный ключ
chipanera
карманный фо
tochi

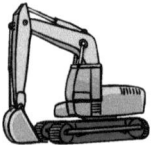

экскаватор

chikatapira

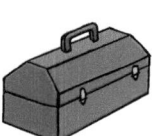

ящик для инструментов

bhokisi rematurusi

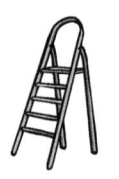

стремянка

manera

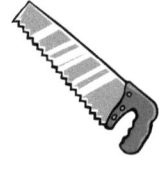

пила

saha

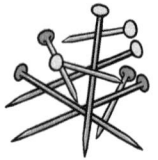

гвозди

zvipikiri

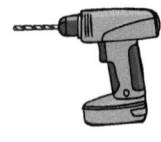

дрель

chibooreso

ремонтировать

kugadzira

лопата

foshoro

Блин!

Nxa!

совок

chidyoreso

ведро с краской

gaba rependi

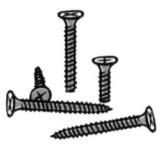

винты

masikuruu

музыкальные инструменты
zviridzwa

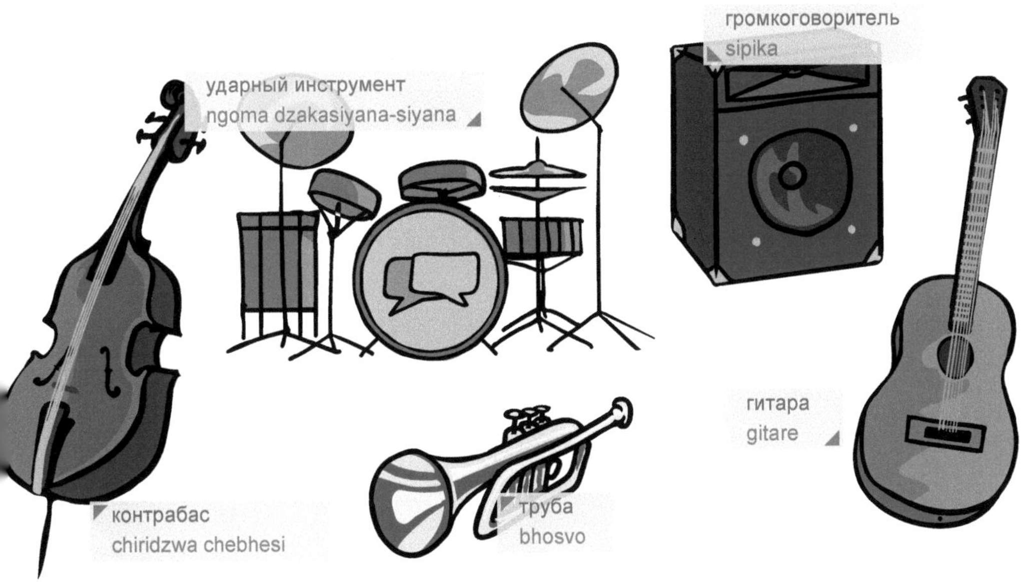

ударный инструмент
ngoma dzakasiyana-siyana

громкоговоритель
sipika

гитара
gitare

контрабас
chiridzwa chebhesi

труба
bhosvo

пианино

piyano

скрипка

violin

бас-гитара

gitare rebhesi

литавры

ngoma

барабан

ngoma

синтезатор

piyano yemagetsi

саксофон

saxophone

флейта

nyere

микрофон

maikorofoni

зоопарк

munochengeterwa mhuka

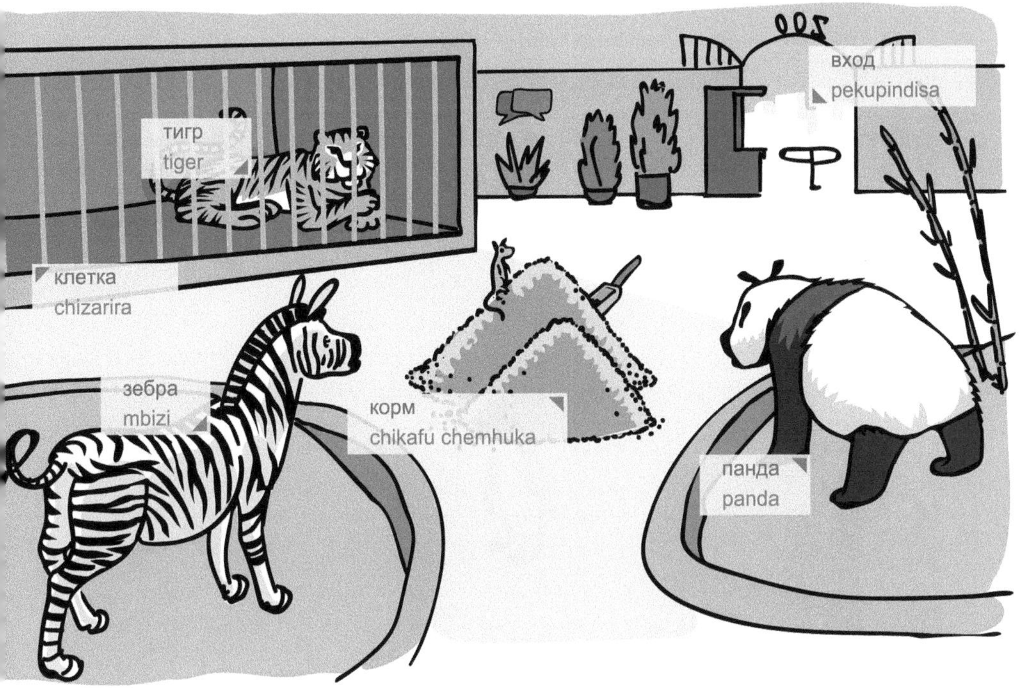

zoo
вход
pekupindisa
тигр
tiger
клетка
chizarira
зебра
mbizi
корм
chikafu chemhuka
панда
panda

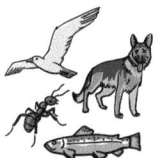

животные
....
mhuka

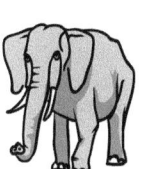

слон
....
nzou

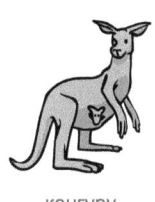

кенгуру
....
kangaruru

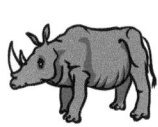

носорог
....
chipembere

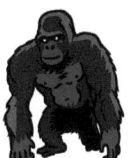

горилла
....
gorilla

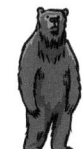

медведь
....
bear

верблюд

ngamera

страус

mhou

лев

shumba

обезьяна

tsoko

фламинго

flamingo

попугай

parrot

белый медведь

bear rekuchando

пингвин

penguin

акула

shark

павлин

pikoko

змея

nyoka

крокодил

garwe

служитель зоопарка

muchengeti wenzvimbo
yemhuka

тюлень

seal

ягуар

jaguar

пони
nyurusi

леопард
ingwe

бегемот
mvuu

жираф
twiza

орёл
gondo

кабан
nguruve yemusango

рыба
hove

черепаха
kamba

морж
walrus

лиса
gava

газель
nhoro

американский футбол
bhora rekuAmerica

езда на велосипеде
kuchovha

теннис
tenisi

баскетбол
bhora rebhasiketi

плавание
kutuhwina

бокс
tsiva

хоккей
hockey yemuchando

футбол
nhabvu

бадминтон
badminton

лёгкая атлетика
zvekumhanya

гандбол
bhora remaoko

лыжный спорт
kuita ski

поло
polo

прыгать
kusvetuka

обнимать
kumbundira

смеяться
kuseka

идти
kufamba

петь
kuimba

молиться
kunyengetera

целовать
kutsvoda

мечтать
kurota

писать
nyora

рисовать
kudhirowa

показывать
kuratidza

нажимать
kusunda

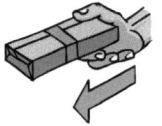

давать
kupa

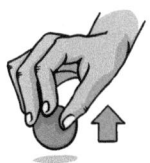

брать
kutora

иметь

kuva ne

делать

kuita

быть

kuva

стоять

kumira

бежать

kumhanya

тянуть

kudhonza

бросать

kukanda

падать

kudonha

лежать

kurara

ждать

kumirira

носить

kutakura

сидеть

kugara

надевать

kupfeka

спать

kurara

просыпаться

kumuka

рассматривать
kutarisa

плакать
kuchema

гладить
kupuruzira

причесывать
kukama

говорить
kutaura

понимать
kunzwisisa

спрашивать
kubvunza

слушать
kuteerera

пить
kunwa

кушать
kudya

наводить порядок
kuchenesa

любить
kuda

готовить
kubika

ехать
kutyaira

летать
kubhururuka

действия - mabasa

ходить под парусом

kufambiswa nemhepo

считать

kakureta

читать

kuverenga

учиться

kudzidza

работать

kushanda

вступать в брак

kuroora / kuroorwa

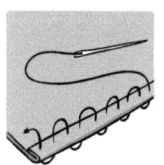

шить

kusona

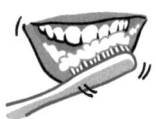

чистить зубы

kukwesha mazino

убивать

kuuraya

курить

kuputa

отправлять

kutumira

бабушка
ambuya

дедушка
sekuru

папа
baba

мама
amai

младенец
mwana

дочь
mwanasikana

сын
mwanakomana

гость

muenzi

тетя

tete

дядя

sekuru

брат

hanzvadzikomana

сестра

hanzvadzisikana

тело

muviri

лоб
huma
глаз
ziso
плечо
bendekete
палец
munwe
лицо
chiso
подбородок
chirebvu
кисть
ruoko
нога
gumbo
грудь
chipfuva
рука
ruoko

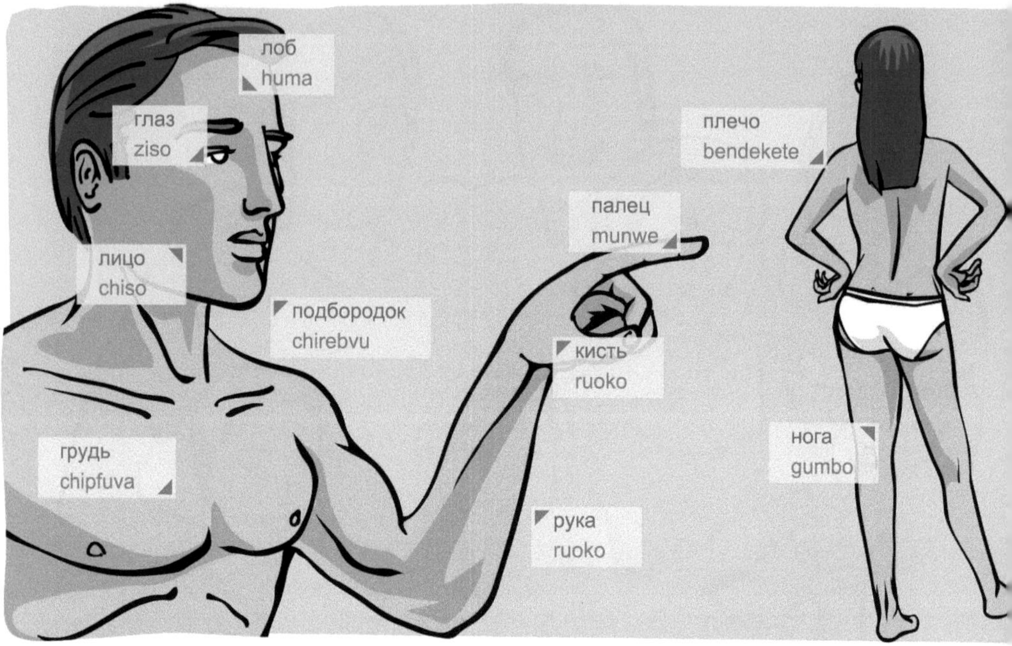

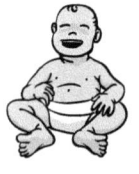

младенец

mwana

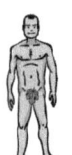

мужчина

murume

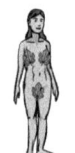

женщина

mukadzi

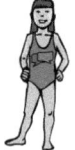

девочка

musikana

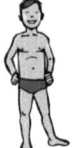

мальчик

mukomana

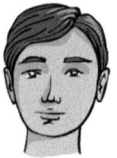

голова

musoro

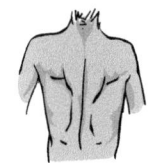

спина

musana

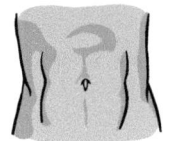

живот

dumbu

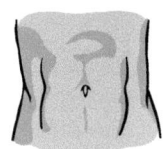

пупок

guvhu

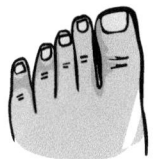

палец ноги

chigunwe

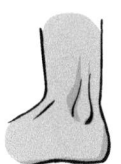

пятка

chitsitsinho

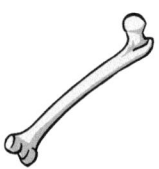

кость

bhonzo

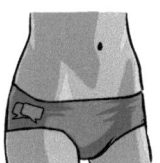

бедро

hudyu

колено

ibvi

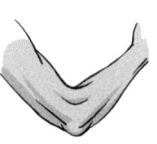

локоть

gokora

нос

mhino

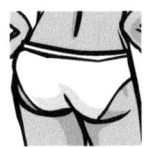

ягодицы

garo

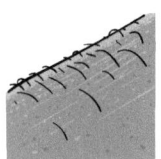

кожа

ganda

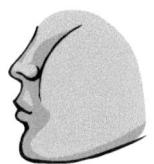

щека

dama

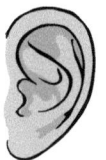

ухо

nzeve

губа

muromo

рот

mukanwa

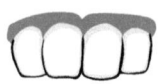

зуб

zino

язык

rurimi

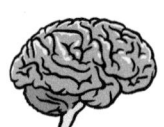

мозг

uropi

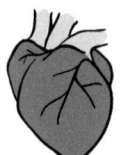

сердце

mwoyo

мышца

tsandanyama

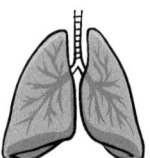

лёгкое

bapu

печень

chitaka

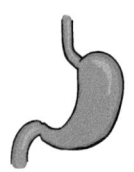

желудок

dumbu

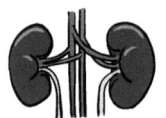

почки

itsvo

половой акт

kuita bonde

презерватив

kondomu

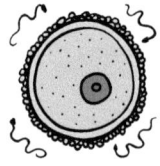

яйцеклетка

zai

сперма

urume

беременность

nhumbu

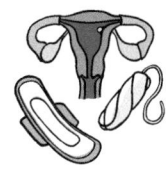

менструация

kuenda kumwedzi

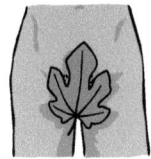

вагина

sikarudzi

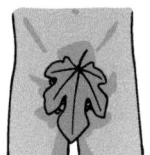

пенис

mboro

бровь

tsiye

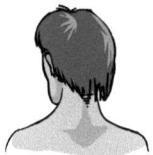

волосы

bvudzi

шея

mutsipa

тело - muviri

больница
chipatara

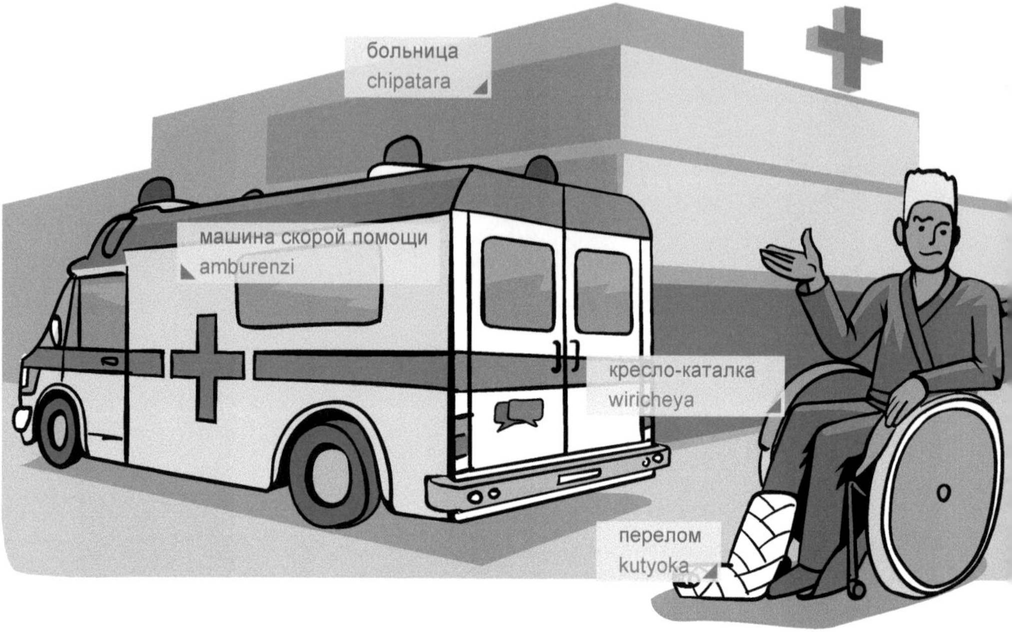

больница
chipatara
машина скорой помощи
amburenzi
кресло-каталка
wiricheya
перелом
kutyoka

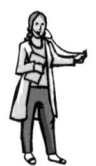

врач

chiremba

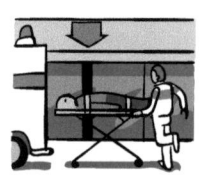

пункт первой помощи

imba yerubatsiro

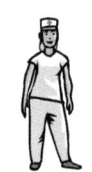

медсестра

nesi

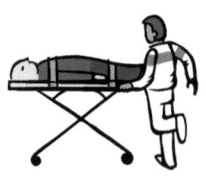

неотложный случай

zvekukurumidza

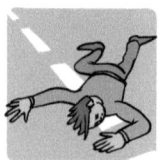

без сознания

kufenda

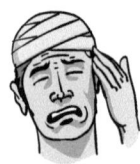

боль

rwadza

повреждение

kukuvara

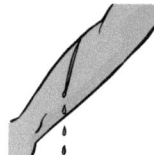

кровотечение

kubuda ropa

инфаркт

kuerekana mwoyo usisashandi

инсульт

kuoma rutivi

аллергия

zvinorwarisa

кашель

chikosoro

овышенная температура

fivha

грипп

furuu

понос

manyoka

головная боль

kutemwa nemusoro

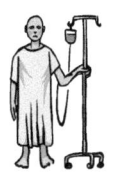

рак

mhuka

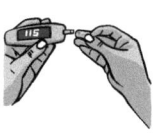

диабет

chirwere cheshuga

хирург

muvhiyi

скальпель

kabanga keoparesheni

операция

oparesheni

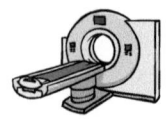

КТ

CT

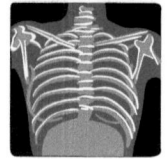

рентген

x-ray

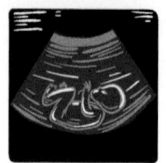

ультразвук

ultrasound

маска

chekuvharisa mhino nemuromo

болезнь

chirwere

приёмная

mekumirira kurapiwa

костыль

chidhondoro

пластырь

purasita

бинт

bhandiji

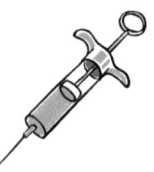

укол

jekiseni

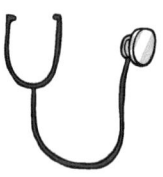

стетоскоп

chekuteerera nacho mukati

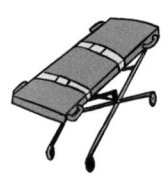

носилки

kamubhedha kemurwere

термометр

chekutoresa nacho tembiricha

рождение

kuzvara

избыточный вес

kufuta

слуховой аппарат

chekubatsira kunzwa

дезинфекционное средство

mushonga unouraya utachiona

инфекция

utachiona

вирус

vhairasi

ВИЧ / СПИД

HIV / AIDS

лекарство

mushonga

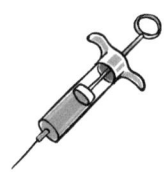

прививка

kudzivirira zvirwere

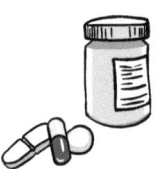

таблетки

mapiritsi

противозачаточная таблетка

piritsi

экстренный вызов

kufonera rubatsiro ipapo ipapo

прибор для измерения кровяного давления

muchina wekuyeresa BP

больной / здоровый

kurwara / kugwinya

Помогите!	сигнал тревоги	нападение
Maiwe!	bhero	kurwisa

атака	опасность	запасной выход
kurwisa	ngozi	pekupuda napo zvechimbi-chimbi

Пожар!	огнетушитель	несчастный случай
Moto!	chekudzimisa moto	tsaona

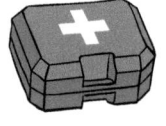

аптечка	SOS	милиция
zvinhu zvefirst aid	SOS	mapurisa

Европа

Europe

Северная Америка

Kuchamhembe kweAmerica

Южная Америка

Kumaodzanyemba
kweAmerica

Африка

Africa

Азия

Asia

Австралия

Australia

Атлантический океан

Atlantic

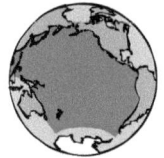

Тихий океан

Pacific

Индийский океан

Nyanza yeIndia

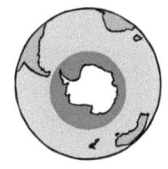

Антарктический океан

Nyanza yeAntarctic

Северный Ледовитый
океан
Nyanza yeArctic

Северный полюс

Kuchamhembe

Южный полюс

Kumaodzanyemba

Антарктика

Antarctica

земля

Nyika

суша

nyika

море

gungwa

остров

chitsuwa

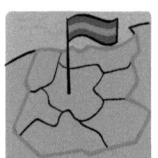

нация

nyika

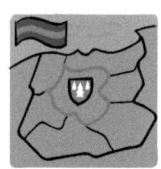

государство

nyika

циферблат

wachi

часовая стрелка

chinongedza awa

минутная стрелка

chinongedza miniti

секундная стрелка

chinongedza masekondi

Который час?

Inguvai?

день

zuva

время

nguva

сейчас

izvozvi

электронные часы

wachi yemanhamba

минута

miniti

час

awa

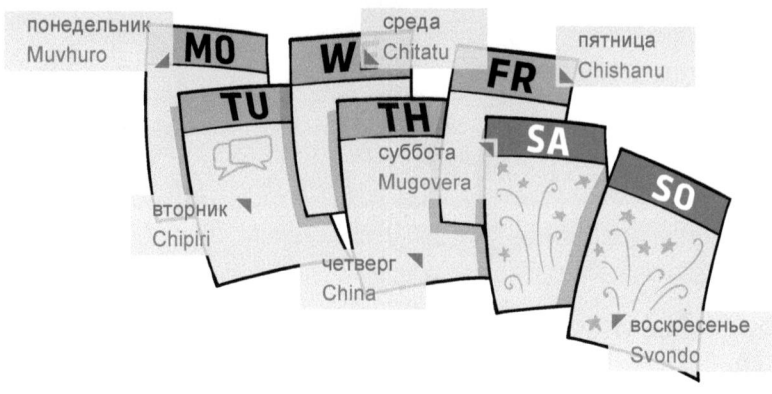

понедельник
Muvhuro

MO

W среда
Chitatu

FR пятница
Chishanu

TU

TH

SA

SO

вторник
Chipiri

суббота
Mugovera

четверг
China

воскресенье
Svondo

вчера

nezuro

сегодня

nhasi

завтра

mangwana

утро

mangwanani

полдень

masikati

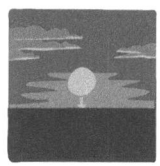

вечер

manheru

MO	TU	WE	TH	FR	SA	SU
1	2	3	4	5	6	7
8	9	10	11	12	13	14
15	16	17	18	19	20	21
22	23	24	25	26	27	28
29	30	31	1	2	3	4

рабочие дни

mazuva ebasa

MO	TU	WE	TH	FR	SA	SU
1	2	3	4	5	6	7
8	9	10	11	12	13	14
15	16	17	18	19	20	21
22	23	24	25	26	27	28
29	30	31	1	2	3	4

выходные

kupera kwevhiki

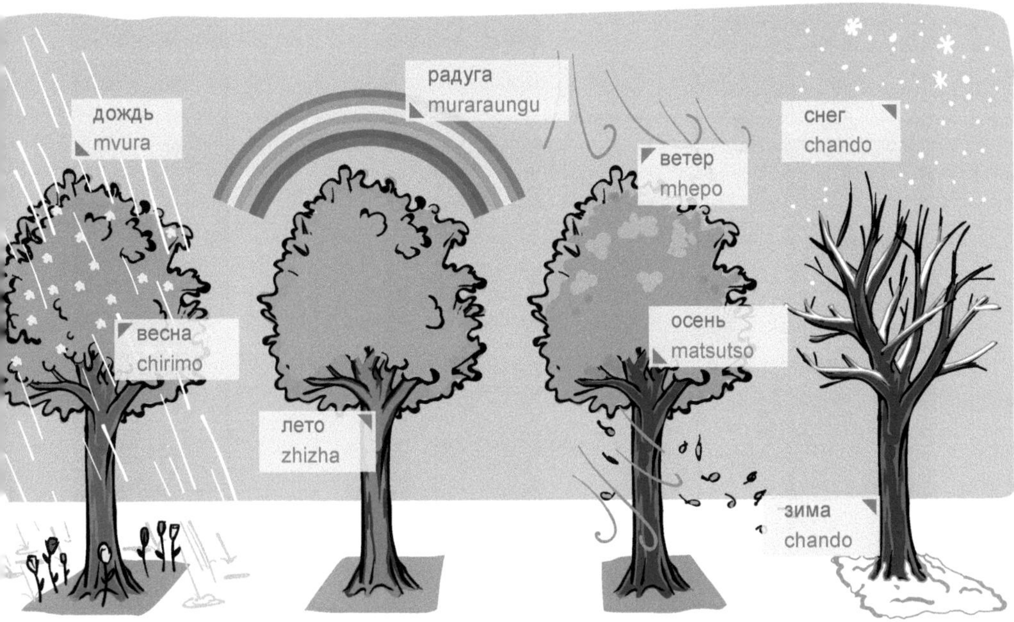

дождь
mvura

радуга
muraraungu

ветер
mhepo

снег
chando

весна
chirimo

лето
zhizha

осень
matsutso

зима
chando

4.APRIL	11°	☀
5.APRIL	4°	☁
6.APRIL	13°	☁
7.APRIL	8°	☀
8.APRIL	10°	☀

прогноз погоды

mamiriro ekunze
anofungidzirwa

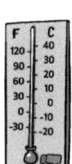

термометр

chekutoresa tembiricha

солнечный свет

zuva

туча

makore

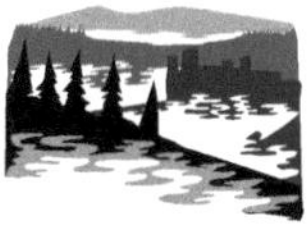

туман

mhute

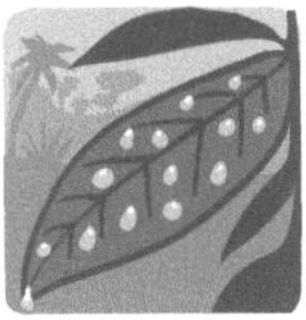

влажность воздуха

hunyoro

молния

mheni

гром

kutinhira

буря

dutu

град

chivhuramabwe

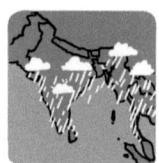

муссон

mhepo ine mvura

наводнение

mafashamo

лёд

mazaya echando

январь

Ndira

февраль

Kukadzi

март

Kurume

апрель

Kubvumbi

май

Chivabvu

июнь

Chikumi

июль

Chikunguru

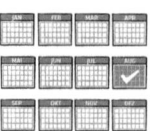

август

Nyamavhuvhu

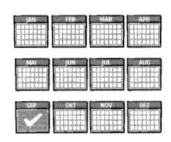

сентябрь

Gunyana

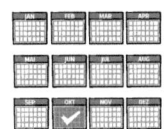

октябрь

Gumiguru

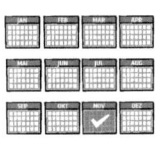

ноябрь

Mbudzi

декабрь

Zvita

формы
mashepu

круг

denderedzwa

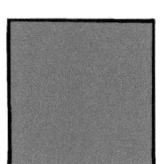

квадрат

sikweya

прямоугольник

rectangle

треугольник

triangle

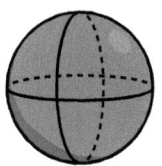

шар

bhora

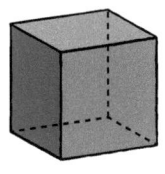

куб

bhokisi

белый

chena

желтый

yero

оранжевый

orenji

розовый

pingi

красный

tsvuku

лиловый

pepuru

синий

bhuruu

зелёный

girini

коричневый

kaki

серый

gireyi

черный

nhema

много / мало

zvakawanda / zvishoma

яростный / мирный

hasha / dzikama

красивый / уродливый

naka / shata

начало / конец

kutanga / kuguma

большой / маленький

hombe / diki

светлый / темный

jeka / rima

брат / сестра

hanzvadzikomana /
hanzvadzisikana

чистый / грязный

chena / sviba

полный / неполный

kwana / kusakwana

день / ночь

masikati / usiku

мёртвый / живой

yakafa / mhenyu

широкий / узкий

pamhamha / tetepa

съедобный / несъедобный

unodyiwa / haudyiwi

злой / дружелюбный

utsinye / mutsa

взволнованный / скучающий

kunakidzwa / kufinhwa

толстый / худой

kobvuka / tetepa

сначала / в конце

kutanga / kupedzisira

друг / враг

shamwari / muvengi

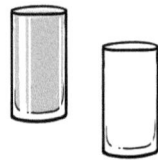

полный / пустой

rakazara / hairina kuzara

твёрдый / мягкий

oma / pfava

тяжёлый / легкий

rema / reruka

голод / жажда

nzara / nyota

больной / здоровый

kurwara / kugwinya

незаконный / законный

zvisiri pamutemo / zviri pamutemo

умный / глупый

kungwara / kupusa

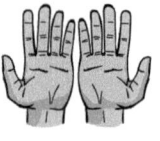

слева / справа

ruboshwe / rudyi

близко / далеко

pedyo / kure

новый / подержанный

matsva / matsaru

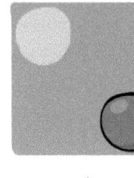

ничто / нечто

hapana / chiripo

старый / молодой

kuru / duku

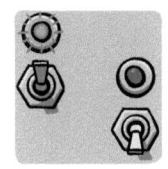

включено / выключено

batidza/dzima

открыто / закрыто

vhurika / vharika

тихо / громко

nyarara / ruzha

богатый / бедный

mupfumi / murombo

правильный /
неправильный

chakanaka / chakaipa

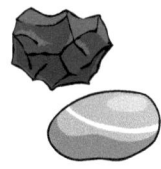

шероховатый / гладкий

kukasharara /
kutsvedzerera

печальный / счастливый

kusuwa / kufara

короткий / длинный

pfupi / refu

медленный / быстрый

nonoka / kurumidza

мокрый / сухой

nyoro / oma

тёплый / прохладный

dziya / tonhora

война / мир

hondo / rugare

цифры

manhamba

0

ноль

zero

1

один

potsi

2

два

piri

3

три

tatu

4

четыре

ina

5

пять

shanu

6

шесть

nhanhatu

7

семь

nomwe

8

восемь

sere

9

девять

pfumbamwe

10

десять

gumi

11

одиннадцать

gumi neimwe

12

двенадцать

gumi nembiri

13

тринадцать

gumi netatu

14

четырнадцать

gumi neina

15

пятнадцать

gumi neshanu

16

шестнадцать

gumi nenhanhatu

17

семнадцать

gumi nenomwe

18

восемнадцать

gumi nesere

19

девятнадцать

gumi nepfumbamwe

20

двадцать

makumi maviri

100

сто

zana

1.000

тысяча

chiuru

1.000.000

миллион

miriyoni

mitauro

английский

Chirungu

американский английский

Chirungu chekuAmerica

мандаринский китайский

Mandarin yekuChina

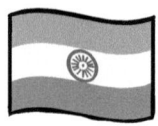

хинди

ChiHindi

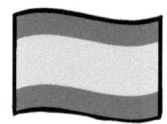

испанский

ChiSpanish

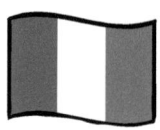

французский

ChiFrench

арабский

ChiArabic

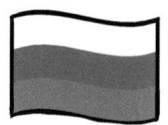

русский

ChiRussian

португальский

ChiPortuguese

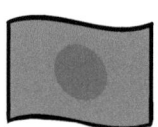

бенгальский

ChiBengali

немецкий

ChiGerman

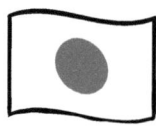

японский

ChiJapanese

я
ini

ты
iwe / imi

он / она / оно
iye

мы
isu

вы
imi

они
ivo

кто?
ani?

что?
chii?

как?
sei?

где?
kupi?

когда?
riini?

имя
zita

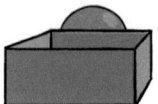

за

seri

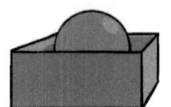

в

mukati

перед

pamberi

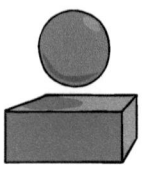

над

nepamusoro

на

pamusoro

под

pasi

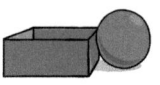

рядом

divi

между

pakati

место

nzvimbo